AF602857

LES

PAPILLOTES,

COMÉDIE EN UN ACTE, MÊLÉE DE CHANT.

PAR

MM. ANCELOT ET JACQUES ARAGO.

REPRÉSENTÉE POUR LA PREMIÈRE FOIS SUR LE THÉATRE DU VAUDEVILLE,
LE 17 JANVIER 1834.

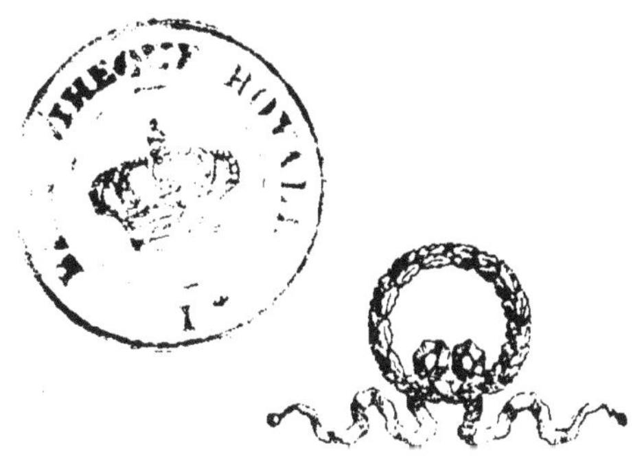

PARIS.

MARCHAND, BOULEVART SAINT-MARTIN, N° 12;
BARBA, LIBRAIRE AU PALAIS-ROYAL.

1834.

PERSONNAGES.	ACTEURS.
LE COMTE DE SAINT-POL..........	MM. VOLNYS.
MOLIERE.......................	FONTENAY.
DELAUNAY.....................	MATHIEU.
SAINT-ÉVREMONT.............	BALARD.
DE LONGUEVILLE..............	HIPPOLYTE.
D'ESTRÉES....................	LEPEINTRE.
GERMAIN, *domestique de Ninon*.....	PROSPER.
NINON DE LENCLOS............	Mmes DOCHE.
LA COMTESSE DE SAINT-POL, *mère du Comte*..........................	GUILLEMAIN.
Mme DE COULANGES.............	CÉCILE.
Mme DE LAFAYETTE.............	LACAZE.

La scène se passe chez Ninon de Lenclos.

IMPRIMERIE DE PR. DONDEY-DUPRÉ, RUE ST.-LOUIS, No 46, AU MARAIS.

LES PAPILLOTES.

Le Théâtre représente une pièce de l'appartement de Ninon. Portes au fond; portes latérales; une toilette à droite de l'acteur; une table et tout ce qu'il faut pour écrire, à gauche.

SCÈNE PREMIÈRE.

NINON, *devant la table, écrivant; plusieurs valets à livrée derrière elle*; GERMAIN.

NINON, *écrivant.*

« Monseigneur, je vous remercie de votre bonté : Molière » mérite la faveur que j'ai réclamée pour lui, et vous accom- » plissez un acte de justice en la lui accordant. Je voudrais » pouvoir vous aimer autrement que je ne fais, mais mon cœur » est pris... pour le moment. Je vous engage donc à la pa- » tience ; et l'espérance, je ne vous la défends point! Si l'une » est une vertu, l'autre est presque un bonheur. — Je suis, » monseigneur : NINON DE LENCLOS. » (*Elle met la lettre dans une enveloppe.*) Picard, portez cette lettre à son adresse; puis ce paquet, chez M. Poquelin de Molière : allez. Vous, Germain, ce billet, à M. le prince de Condé : s'il vous donne une réponse, vous me l'apporterez sans perdre une minute. Si l'on vous dit qu'il n'y est pas, vous insisterez, en mon nom, et vous donnerez cette bourse aux laquais.

GERMAIN.

Et s'ils la refusent?

NINON.

Les laquais des grands seigneurs ne refusent jamais.

GERMAIN.

Si pourtant cela arrivait par hasard?

NINON.

Alors, vous la garderiez. A votre retour, qu'il y ait du monde chez moi ou non, vous entrerez. Allez vite.

GERMAIN.

J'y cours, mademoiselle.

SCÈNE II.

NINON, *seule et se levant.*

Oui, le tort de Mme de Saint-Pol a été assez expié : que ne dois-je pas faire pour la mère de l'homme que j'aime aujourd'hui?... Je veux qu'elle rentre à la cour. Longueville aussi obtiendra sa grâce !... voilà trois mois qu'il se cache!... son duel est trop puni!... Quant à la faveur que je demande pour moi, il est impossible qu'on me la refuse : je veux être présentée au Louvre... pourquoi pas?... la Reine a un grand désir de me connaître, et je n'ignore pas que le Roi donnerait le plus beau diamant de sa couronne... Pauvres monarques! que votre puissance est fragile!

AIR : *Un page aimait la jeune Adèle.*

Il est pour vous des heures triomphales,
Jouissez-en, messieurs les rois!
On trouve en France des Omphales
Dont le pouvoir lutte contre vos droits.
Votre faiblesse nous seconde ;
Vous vous courbez alors, et c'est à nous
D'indiquer, en passant, au monde
Qu'on peut voir les rois à genoux.

Ma toilette de présentation est prête : simple, élégante, telle qu'elle convient à Ninon de Lenclos. Ah!.. voici l'esclave!.. je suis trop heureuse pour le désespérer aujourd'hui.

(*Elle s'assied près de la toilette.*)

SCÈNE III.

NINON, SAINT-POL.

SAINT-POL, *entrant.*

Bonjour à ma gracieuse amie.

NINON.

Approchez, bien-aimé comte!... Nous serons gaie ce matin, je vous le promets.

SAINT-POL, *s'asseyant à côté d'elle.*

La gaîté vous sied si bien!

NINON.

Est-ce que la bouderie m'enlaidit?

SAINT-POL.

Vous savez, ma toute belle, que rien n'a ce pouvoir ; pas même ces papillotes que je brûle d'enlever.

NINON.

Laissez donc, laissez donc!... ou je serais coiffée comme une femme savante.

SAINT-POL, *ôtant quelques papillotes.*

Je suis jaloux de ces papiers!.. ils me privent du plaisir de voir ces cheveux si beaux!... Mais, dites-moi, avec quoi avez-vous fait ces papillotes?

NINON.

Je ne sais... je n'avais rien!... Ah! des sermons de Mascaron.

SAINT-POL.

Comme vous traitez nos génies ecclésiastiques!

NINON.

Les sermons m'endorment.

SAINT-POL.

En vérité?

NINON.

C'est un malheur, sans doute ; mais c'est comme cela.

AIR *d'Aristippe*.

Au premier mot de ces pieux ouvrages
Je sens mes yeux s'appesantir ;
Et si ma main en rencontre des pages,
Lorsque vient l'instant de dormir,
Ai-je donc tort de m'en servir?
Loin de ma couche écartant les alarmes,
Les saints écrits, dont mon front s'est paré,
M'aident encore à prolonger les charmes
Du sommeil qu'ils m'ont procuré.

SAINT-POL.

Impie!... ne pouviez-vous disposer de ce gros manuscrit qui est là, sur cette table?

NINON.

Oh! non pas!.. C'est une comédie de Molière; et je le respecte, lui, d'abord parce que c'est un grand homme, ensuite parce qu'il n'est que mon ami.

SAINT-POL, *souriant*.

Impertinente!... Vous ne me respectez donc pas, moi?

NINON, *reculant son fauteuil*.

Si monsieur le comte de Saint-Pol le désire?

SAINT-POL.

Un peu!... cela ne gâte rien.

NINON.

Prenez garde!.. On ne respecte que l'amant qu'on veut prendre ou celui qu'on veut quitter.

SAINT-POL.

En ce cas, rapprochez-vous.

NINON.

J'y consens : mais rendez-moi mes papillotes.

SAINT-POL.

Pas avant de les avoir examinées!... Ah! vous vous trompiez, ce ne sont point des sermons! Ceci est un fragment de lettre du comte de Coligny.

NINON.

Oh ! rendez-la-moi !... C'est ma première passion, et il est mort. Pauvre comte !.... sa lettre méritait mieux que cela.

SAINT-POL, *ouvrant une autre papillote.*

Dans celle-ci on parle beaucoup d'argent.

NINON.

Oui, je me souviens !... c'est un négociant qui a voulu m'acheter... Je lui ai répondu que je n'entendais rien au commerce.

SAINT-POL.

Et celle-là ?...

NINON.

Ah ! donnez-moi ce papier. (*Elle le prend.*) Du moins, vous ne le verrez pas ce soir. (*Elle l'enferme dans sa toilette.*)

SAINT-POL.

Pourquoi cela ?

NINON.

Vous le saurez plus tard.

SAINT-POL.

Ah ! j'en tiens encore une !.. Mais, ce n'est pas une lettre !.. (*Il lit.*) « Je promets d'aimer La Châtre toute ma vie : « Ninon. »

NINON.

Pauvre La Châtre !... Il a été bien vite oublié !

SAINT-POL.

Et voilà comme je serai dimanche !

NINON.

Oh ! non, Henri !... vous, c'est pour toujours.

SAINT-POL.

Sur votre parole ?

NINON.

Sur ma parole !...

SAINT-POL, *avec joie.*

Ah !...

NINON.

Sur ma parole, cela me semble ainsi maintenant.

SAINT-POL, *boudant.*

Bon !....

NINON.

Eh bien ! n'êtes-vous pas heureux ?

SAINT-POL, *se levant.*

Non, je suis jaloux.

NINON.

Jaloux !... de qui ?

SAINT-POL.

De l'avenir.

NINON, *riant et se levant.*

Si le tems est votre rival, il faut le tuer.

SAINT-POL.

Oh! point de plaisanterie!... Tenez, quand je songe que demain, après-demain, dans un mois, que sais-je? mon bonheur peut avoir disparu; que votre sourire du matin ne sera pas pour moi; que vos rêves de la nuit seront à un autre; que de tant de bonheur et d'amour, mon amour seul est éternel... mon sang se glace, et je maudis le jour qui vous a montrée à moi.

NINON.

Grand fou!... un amour éternel!... Mais savez-vous qu'il y a peut-être plus de vingt années dans une éternité?

SAINT-POL.

Ah! Ninon!... si vous m'aimiez comme je vous aime!

NINON.

Eh bien! que ferais-je?

SAINT-POL.

Oh! une seule chose!... mais décisive.

NINON.

Laquelle?

SAINT-POL.

Jurez que vous y consentirez.

NINON.

Je le jure!

SAINT-POL, *avec joie.*

Ah!...

NINON.

Je le jure... si elle me convient.

SAINT-POL.

Toujours de fausses joies!

NINON.

Voyons : parlez.

SAINT-POL.

Vous savez que je n'aime pas les demi-moyens.

NINON, *riant.*

Vous me faites trembler.

SAINT-POL.

Epousez-moi!

NINON.

Aye, aye, aye!... j'ai le frisson.

SAINT-POL.

Déjà?

NINON, *à part.*

Noble jeune homme !

SAINT-POL.

Eh bien ?

NINON.

Moi, vous épouser, Saint-Pol !... jamais !

SAINT-POL.

Vous ne m'aimez donc pas ?

NINON.

Moins que votre intérêt.

SAINT-POL.

Craindriez-vous de ne pas me rendre heureux?

NINON.

Mais vous ne songez pas à votre mère, si orgueilleuse de sa noblesse, si fière de son fils?

SAINT-POL.

Ma mère?... Eh ! qu'importe !... Ne suis-je pas libre de mes actions ?

NINON.

Depuis si long-tems je le suis des miennes !... Le monde vous retirerait son estime, et alors vous me reprendriez votre amour. Consultez vos amis, et vous entendrez leur langage : Ninon, diraient-ils, cette coquette, qui désespéra Coligny, son premier amant ; qui se moqua de La Châtre, son dernier (et vous voyez que je franchis une grande distance) ; Ninon, lasse de triomphes mondains, vient enfin d'unir sa destinée à celle d'un jeune homme de haute naissance, dont elle a corrompu le cœur, égaré la raison !....

SAINT-POL.

Honte et malheur à qui me ferait entendre de telles paroles !

NINON.

Ce n'est peut-être pas à vous qu'on les adresserait, mon ami : mais les salons de Paris les répéteraient chaque jour, et assez à voix basse pour qu'elles vinssent frapper vos oreilles.

SAINT-POL.

Ah ! fuyons ce monde frivole, et que tout l'univers soit pour nous là où nous serons seuls.

NINON.

Que votre amour est touchant !

SAINT-POL.

Prouvez-moi donc que vous le partagez.

NINON.

Bon Dieu ! si je vous prenais au mot, vous abandonneriez peut-être votre dessein, avant qu'on pût le mettre à exécution

SAINT-POL.

Moi, abandonner le droit de vous posséder seul!... Vous ne savez pas tout ce que vous valez.

NINON.

Si fait, si fait!... Je sais que je vaux beaucoup!... mais si vous ôtez à la valeur que j'ai celle que je me donne par mon indépendance, vous la trouverez bien diminuée.

SAINT-POL, *tendrement.*

Ninon, tu ne veux pas?

NINON.

Es-tu déjà las de la place que tu occupes?

SAINT-POL.

Crains-tu de m'en donner une plus belle?

NINON.

Prends garde!... Je puis accepter.

SAINT-POL.

Oh! que ta menace est généreuse!

NINON.

Tu persistes?

SAINT-POL.

Je t'en supplie à genoux.

NINON, *avec dignité.*

Relevez-vous, Saint-Pol : ce n'est pas là la place de mon mari.

SAINT-POL.

Ah! vite, vite! du papier, une plume!

NINON.

Là, sur cette table.

SAINT-POL, *écrivant à la table de gauche.*

« Je jure, foi de gentilhomme, de m'unir par le mariage » à Mlle Ninon de Lenclos.

» *Le comte* DE SAINT-POL. »

NINON, *à part.*

Il a signé sans trembler.

SAINT-POL.

Tenez, Ninon.

NINON, *prenant le papier.*

Je dois être aussi généreuse que vous. (*Elle se dispose à le déchirer.*)

SAINT-POL, *l'arrêtant.*

Que faites-vous?... Votre mari vous le défend.

NINON, *avec humilité.*

La femme doit obéissance à son mari.

SAINT-POL.

Tâchez de ne jamais l'oublier.

NINON.

Je suis trop fière de ton amour.

SAINT-POL.

Et moi, trop heureux du tien!

NINON.

Heureux! nous verrons!... Mais c'est assez jaser : l'acte est conclu, signé, n'y revenons plus!... Vous savez que j'ai du monde tantôt; je vous attends. (*Elle place le papier dans sa toilette.*)

UN DOMESTIQUE, *annonçant.*

M. Poquelin de Molière.

SAINT-POL.

Quoi! le tapissier! le comédien!

NINON.

Non! le poète, le philosophe, le grand homme! Faites entrer.

SCÈNE IV.

MOLIÈRE, NINON, SAINT-POL.

MOLIÈRE.

Madame, veuillez recevoir mes hommages!... Monsieur, je suis votre serviteur.

SAINT-POL.

Ninon et moi, nous sommes des vôtres, monsieur Poquelin.

MOLIÈRE.

Quant à Ninon, j'en suis sûr; et voilà pourquoi je viens chez elle.

NINON.

Comptez aussi sur l'amitié de M. de Saint-Pol... qui vous estime fort, je vous proteste.

MOLIÈRE.

Ah! monsieur m'estime?... Je suis bien reconnaissant.

SAINT-POL, *bas à Ninon.*

Quel ton maussade et bourru!

NINON, *de même.*

Il est encore tout étourdi de sa chute d'hier.

SAINT-POL, *bas.*

J'avoue que j'y ai un peu aidé!... mais je le soutiendrai demain, car le bonheur rend généreux. (*Haut.*) A bientôt, Ninon!... A revoir, monsieur de Molière!

MOLIÈRE.

A revoir, monsieur le comte!

SCÈNE V.

MOLIÈRE, NINON.

NINON.

Eh bien ! mon ami, comme vous paraissez rêveur et triste ! Qu'est devenue cette philosophie qui vous distingue ?

MOLIÈRE.

Il est des coups contre lesquels la philosophie est sans puissance.

NINON.

Tôt ou tard la cabale est contrainte à se taire, et je vous réponds, moi, que votre *Misanthrope* est un chef-d'œuvre.

MOLIÈRE.

Parbleu ! je le sais bien ! Aussi, n'est-ce pas sa chute qui me désespère aujourd'hui.

NINON.

Qu'est-ce donc, mon ami ? Vous savez que vous pouvez compter sur moi.

MOLIÈRE.

C'est parce que je le sais que je suis ici.

NINON.

En ce cas, parlez, je vous en prie : une femme sait si bien consoler.

MOLIÈRE.

Une femme !... une femme !...

NINON.

En vérité, vous me faites peur !.... Quel malheur si grand ?...

MOLIÈRE.

Un malheur !... Ne savez-vous pas que je suis marié ?

NINON.

Ah !... Et c'est cela ?...

MOLIÈRE.

Oui, je ne puis vous le cacher : je souffre, je suis jaloux ! Je demande du repos, du calme !... Cette vie de théâtre est si tumultueuse, si fatigante !... On aurait besoin de trouver un peu de consolation dans son ménage, et je n'y trouve que des sujets d'inquiétude et d'amertume.

NINON.

Votre femme est jeune, légère, et peut-être vous alarmez-vous trop de ce qui n'est que coquetterie.

MOLIÈRE.

La coquetterie est un crime, si elle rend malheureux à mourir. Ah ! plaignez-moi !

NINON.

Malheureux à ce point, vous, mon ami!

MOLIÈRE.

Oui, moi qui fronde mes semblables, qui ris de leur malheur!... L'arme avec laquelle je les frappe, je la retire de ma propre blessure.

NINON.

Mais votre jalousie n'est peut-être pas fondée?

MOLIÈRE.

Que sais-je?... Et qu'importe? en est-elle moins poignante? Je suis jaloux, cela suffit!... jaloux de ma femme, des yeux qui la regardent, des bouches qui lui parlent; jaloux de tous ses momens, de toutes ses actions, et la cruelle s'en amuse!..

NINON.

Et avant de vous appartenir?...

MOLIÈRE.

Oh! alors, elle était douce, bonne, attentive à m'épargner des chagrins! Je le crois bien!.. elle n'avait pas de nom!... Aujourd'hui, c'est madame Molière! Elle rit de celui qui fait rire les autres.

NINON.

Mais alors aussi, vous étiez sans doute moins susceptible; vous désiriez inspirer l'amour, vous n'aviez pas le droit de l'exiger.

MOLIÈRE.

Ma chère Ninon, mon ménage est un enfer!... et puis, mariez-vous!

AIR : *Vaudeville de la Robe et les bottes.*

C'est une honte, et tout mon cœur se brise!
Si vous saviez ce qu'on souffre à penser
Que notre femme est là qui nous méprise,
Qui rit de nous qu'elle vient d'offenser!
C'est un tourment au-dessus du courage,
Qu'en notre cœur rien ne peut alléger;
Et cette femme, un jour qu'un fat l'outrage,
C'est encor nous qui devons la venger.

NINON, *à part.*

Oh!... oh! la leçon est directe!... il y a là matière à réfléchir.

MOLIÈRE.

Et si je vous disais qui elle me préfère?... un M. Delaunay.

NINON.

Delaunay!

MOLIÈRE.

Oui, Delaunay, un homme sans talent, sans distinction aucune!. . un courtisan qui sait tout juste la généalogie de sa famille, et de plus un mensonge, car il se croit du mérite.

NINON, *souriant.*

Allez, Molière, sa femme s'est chargée de vous venger, et vous avez M. de Lautzen pour auxiliaire. Delaunay!.. eh! bon Dieu, il ne tenait qu'à moi, il y a quinze jours, de lui tourner la tête.

MOLIÈRE.

Il fallait donc le faire!... vous auriez sauvé la mienne.

NINON.

Soyez tranquille!... je l'enverrai chez Marion.

MOLIÈRE.

Ah! vous êtes bien plus séduisante qu'elle, et si vous vouliez...

NINON, *souriant.*

Il est trop tard, mon ami!... je ne suis plus en position de rendre un pareil service. Mais, je vous en prie, devenez plus calme! Vous vous étiez engagé à me lire, ce matin, la comédie que vous venez d'achever : l'avez-vous donc oublié?

MOLIÈRE.

Une lecture!... une comédie!... oh! cela m'est impossible aujourd'hui : pardonnez-moi.

NINON.

J'avais promis le plaisir de vous entendre à quelques personnes, qui sans doute vont arriver; mais je ne sais point gêner mes amis : nous attendrons.

MOLIÈRE.

Que vous êtes bonne!

NINON.

J'entends des carrosses entrer dans la cour; demeurez quelques momens avec nous, vous trouverez ici des distractions, et peut-être quelques originaux.

SCÈNE VI.

MOLIERE, MADAME DE LA SUZE, M. D'ESTRÉES, MADAME DE COULANGES, SAINT-POL, NINON, MADAME DE LAFAYETTE, LONGUEVILLE, DELAUNAY, SAINT-EVREMONT.

UN LAQUAIS, *annonçant.*

M. de Saint-Evremont.

MOLIÈRE, *à part.*

Bon ! le premier est un fat !

SAINT-ÉVREMONT, *saluant Ninon.*

Salut à la plus jolie.

LE LAQUAIS, *annonçant.*

Mesdames de Lafayette et de Coulanges. (*Elles entrent.*)

MADAME DE LAFAYETTE.

Bonjour, chère Ninon.

MADAME DE COULANGES.

Vous voyez que nous sommes exactes.

NINON.

Je ne saurais trop vous remercier, mesdames.

LE LAQUAIS, *annonçant.*

M. de Rabutin, madame de La Suze, monsieur le vicomte d'Estrées.

D'ESTRÉES, *riant.*

Ah ! ah ! ah !... mesdames !... ah ! ah ! ah ! messieurs...

MADAME DE LAFAYETTE.

Toujours gai, vicomte !

NINON.

Toujours riant, du moins, ce qui n'est pas la même chose,

D'ESTRÉES.

Ah ! ah ! ah !... j'allais le dire.

LE LAQUAIS, *annonçant.*

M. Delaunay. (*Il entre.*)

MOLIÈRE, *à part.*

Delaunay !

LE LAQUAIS, *annonçant.*

M. le baron de Longueville.

TOUS.

Longueville ! (*Il entre.*)

NINON.

Ah ! baron, c'est vous ? votre lettre de cachet n'a pas encore été retirée ?

LONGUEVILLE.

Non ! mais à quoi ne s'exposerait-on pas pour jouir du bonheur de vous voir ?...

D'ESTRÉES.

Ma foi !... j'allais le dire !... ah ! ah ! ah !...

LONGUEVILLE.

Et puis, parce qu'on blesse un fat, faut-il toujours rester caché ?

D'ESTRÉES.

A ce compte-là, on ne me verrait plus nulle part... j'en ai tant puni dans ma vie !... ah ! ah ! ah !..

MADAME DE LAFAYETTE.

N'en détruisez pas la race : aux dépens de qui ririons-nous?

D'ESTRÉES.

Ah! vous avez raison, c'est ce que j'allais dire!... ah! ah!

NINON.

AIR : *Vaudeville du Baiser au porteur.*

Ce cher vicomte est un homme admirable,
Tout ce qu'il pense est pétillant d'esprit.
Si dans un cercle on dit un mot aimable,
Plus tard, bien sûr, le vicomte l'eût dit!
Il revendique un geste, une parole.
Je crois pourtant, quoiqu'il se trouve là,
Que, s'il avait tout l'esprit qu'on lui vole,
Il en aurait beaucoup plus qu'il n'en a.

D'ESTRÉES.

Ah! ah! ah! le mot est méchant; mais c'est égal! parole d'honneur, j'allais le dire.

NINON.

J'en étais sûre.

LONGUEVILLE, *bas à Delaunay.*

Je ne vois pas Saint-Pol : est-ce que mon cher cousin serait déjà remplacé?

DELAUNAY, *bas.*

Qui sait?

LE LAQUAIS, *annonçant.*

M. le comte Henri, Jules de Saint-Pol. (*Il entre.*)

LONGUEVILLE, *bas à Delaunay.*

A la bonne heure!... il arrive en seigneur et maître, le dernier, et avec tous ses titres.

NINON, *aux laquais.*

Des siéges.

(*Les laquais donnent des siéges, et l'on se place dans l'ordre indiqué au commencement de la scène; Molière, Saint-Pol, Saint-Evremont et Delaunay restent debout.*)

DELAUNAY, *bas.*

Ninon a souri.

LONGUEVILLE, *bas.*

Encore huit jours de sourires.

NINON.

En vous réunissant chez moi, je vous avais fait espérer que vous entendriez une nouvelle comédie de Molière : eh bien! c'est un plaisir auquel il nous faut renoncer ce matin.

MADAME DE LAFAYETTE.

En vérité ?

LONGUEVILLE.

Pourquoi cela ?

NINON.

Quelques ennuis, quelques contrariétés ne laissent pas à Molière la liberté d'esprit dont il a besoin ; il n'est pas prêt, et c'est à nous d'attendre.

TOUS.

Oh ! oh ! oh !...

SAINT-ÉVREMONT.

Ah ! je comprends ! la chute du *Misanthrope*.

MADAME LAFAYETTE.

Quel qu'ait été hier le sort de cette comédie, je vous assure, monsieur Molière, que vous ferez rarement d'aussi beaux ouvrages.

MADAME DE COULANGES.

C'est aussi mon opinion, monsieur.

MOLIÈRE, *modestement.*

C'est la mienne aussi, mesdames.

SAINT-ÉVREMONT.

Ma foi, moi, j'ai trouvé cela fort médiocre, et j'avoue franchement que j'ai sifflé.

MOLIÈRE.

Je croyais avoir fait une bonne pièce ; à présent, m'en voilà sûr.

DELAUNAY.

Je confesse aussi que j'ai siffloté un peu.

MOLIÈRE.

Cela ne m'étonne pas, monsieur.

SAINT-ÉVREMONT.

C'est avec trop d''indulgence qu'on tue le mérite.

MOLIÈRE.

Vous avez raison, et c'est ce qui nous fait regretter que madame votre mère vous ait gâté dès le berceau.

DELAUNAY.

Monsieur Molière, votre femme m'a dit, ce matin, que cet échec vous avait affligé vivement.

NINON, *à part*

Ah !... l'impudent !...

SAINT-ÉVREMONT, *bas à madame de Lafayette, près de qui il a passé.*

Sa femme n'a point de secrets pour Delaunay.

MADAME DE LAFAYETTE, *vivement.*

Ni lui pour ses amis, à ce qu'il paraît.

NINON.

Je comprends qu'il ne soit question dans Paris que de la chute du *Misanthrope* : quand le colosse de Rhodes tomba, il occupa le monde. Plus heureuse pourtant, la comédie de Molière se relèvera bientôt.

SAINT-ÉVREMONT.

J'en doute fort.

NINON.

Et moi je n'en doute pas. Mais, dites-moi, messieurs, de quoi parle-t-on encore ?

D'ESTRÉES.

Du prochain bal de la cour.

NINON, *à part.*

Ah!... j'y serai, j'espère.

LONGUEVILLE.

On m'a dit sérieusement que Marion Delorme avait demandé à être présentée.

NINON.

La cour n'est pas si pure que Marion ne pût y être admise.

D'ESTRÉES.

Il n'y aura que la première noblesse du royaume.

NINON.

Ce sera bien monotone.

D'ESTRÉES.

J'allais le dire!... ah! ah! ah!...

DELAUNAY, *à Molière.*

Votre femme m'a assuré que vous y faisiez jouer une farce.

NINON, *à part avec colère.*

Encore!...

MOLIÈRE.

Oui, monsieur, j'y fais jouer un impromptu.

DELAUNAY.

Votre femme prétend...

NINON, *vivement et se levant.*

Monsieur Delaunay, votre femme disait hier à M. de Lauzun, dans sa loge, qu'elle n'irait au bal de la cour qu'avec lui.

SAINT-POL, *à part.*

Bien répliqué.

DELAUNAY.

J'espère qu'elle m'en demandera la permission.

NINON.

Bah, bah!... un refus pourrait vous nuire : on dirait que vous êtes jaloux. (*Elle s'assied.*)

DELAUNAY, *à part.*

Monsieur de Lauzun!

MOLIÈRE, *à part.*

Ce démon de femme est un ange.

SAINT-ÉVREMONT, *à Molière.*

Tâchez que votre impromptu soit meilleur que le *Misanthrope.*

MOLIÈRE.

Ce sera difficile, monsieur.

D'ESTRÉES.

Je n'y ai pas ri un seul instant, et je ne suis pas surpris que la pièce soit tombée. Ah! ah! ah!...

MOLIÈRE.

Je n'en suis pas surpris non plus, monsieur. Les époques frivoles ne sont pas aptes à saisir, à comprendre les profondeurs d'un rôle qui m'a occupé bien des nuits. Il y a pourtant dans cette pièce une haute leçon de morale, dont plus tard, j'espère, on sentira la valeur.

SAINT-ÉVREMONT, *souriant.*

Oh! plus tard!...

MOLIÈRE.

Oui plus tard, monsieur! car moi, voyez-vous, je ne caresse pas mon siècle; je le traduis, et je prétends l'éclairer. Nous faisons tous de la comédie, et tous nous la jouons!... Vous, par exemple, monsieur d'Estrées, combien n'apercevez-vous pas dans le monde de vieux et braves soldats, qui, fatigués de leur gloire passée, la compromettent aujourd'hui dans de frivoles causeries de ruelles et de boudoirs? Vous, monsieur de Saint-Évremont, il ne vous serait pas mal aisé, je gage, de nous citer les noms de quelques jeunes écrivains, pleins d'avenir, qui, tout entiers à la jalousie, tuent leur réputation à force de vouloir étouffer celle des autres. Vous serait-il impossible à vous, monsieur Delaunay, de trouver dans vos souvenirs des noms d'illustre origine salis, de nos jours, par le libertinage de ceux qui les portent? De pareils modèles sont fréquens sur la scène du monde : avec des yeux et de l'esprit, on les saisit et on les ébauche... Mais le poëte qui se sent du génie, le philosophe qui n'écrit point pour une époque, mais pour toutes, l'auteur austère qui veut vivre au-delà de sa vie, celui-là, messieurs, sait découvrir dans la société qu'il creuse d'autres travers et d'autres vices que ceux qui ne dépassent point l'épiderme. Il ouvre le cœur humain, il le dissèque, il le soumet à l'analyse, et il vous dit un beau matin : Voilà ce qui tue les hommes, le mal était là, secret, caché; je viens de le trouver, le voilà; je le livre à vos méditations.

LONGUEVILLE, NINON, SAINT-POL ET LES DAMES.

Bravo, Molière, bravo!

NINON.

Ces messieurs n'applaudissent pas.

MOLIÈRE.

Ces messieurs ne croient point à la ressemblance de mes portraits.

NINON.

Oh! que si fait!... mais ils sont comme nos miroirs; ils réfléchissent sans parler.

D'ESTRÉES.

J'allais le dire.

GERMAIN, *entrant, et donnant un paquet à Ninon.*

Madame...

NINON, *se levant.*

Ah!... des lettres que j'attendais... Veuillez permettre... (*Tout le monde se lève; des laquais enlèvent les siéges; on se groupe et on cause, pendant que Ninon vient sur le devant de la scène.*

SAINT-POL, *s'approchant d'elle.*

Qu'est-ce donc, mon amie?

NINON, *sur le devant*

Vous le saurez tout à l'heure. (*A part.*) Ma main tremble!... (*Elle lit à demi-voix sur le devant.*) Bon!... la grâce de Longueville!... Ah! ah! madame de Saint-Pol a le tabouret! J'ai réussi..... Une autre lettre?..... Celle-ci est du prince. « Madame, des trois grâces que vous avez demandées, » une seule vous est refusée, et c'est celle que vous sollicitez » pour vous. » (*Parlant.*) C'est galant!... (*Elle continue de lire.*) « Le roi et la reine sont sourds à mes prières : vous ne » pouvez être reçue à la cour que sous l'égide d'un mari : vous » en trouverez dix pour un. » (*Elle froisse la lettre.*) Voilà bien le monde!... Si j'avais un mari complaisant que ma conduite fît montrer au doigt; oh! alors!...

SAINT-POL, *s'approchant.*

D'où vient ce trouble, cette agitation?

NINON.

J'étouffe de dépit et de colère.

SAINT-POL, *bas.*

Calmez-vous, de grâce!

NINON, *à part.*

Un mari!... (*Haut et brusquement.*) Comte, êtes-vous toujours dans les mêmes intentions? Voulez-vous toujours m'épouser?

SAINT POL, *vivement.*

Toujours.

NINON.

Sans regret?

SAINT-POL.

Sans regret.

NINON, *lui prenant la main.*

Mesdames, messieurs, je vous présente M. le comte Henri-Jules de Saint-Pol, mon mari.

TOUS.

Son mari!

SAINT-POL, *fièrement.*

Oui, messieurs, Ninon de Lenclos, ma femme.

D'ESTRÉES, *riant.*

Sa femme! son mari!... Ah! ah! ah!...

NINON.

C'est original, n'est-ce pas?

D'ESTRÉES.

Ma foi! j'allais le dire. Ah! ah! ah!

MADAME DE LAFAYETTE.

A la bonne heure, mon amie!... Voilà qui est bien finir... Recevez mes complimens les plus sincères.

MADAME DE COULANGES.

Et les miens.

SAINT-ÉVREMONT, *à part.*

Quel ridicule!... un nom illustre!...

LONGUEVILLE, *à part.*

Quelle lâche séduction! (*Il se retire au fond.*)

NINON, *aux dames.*

J'aurai l'honneur de vous adresser demain mon billet de faire part, mesdames.

MADAME DE LAFAYETTE.

Et nous ne serons pas les dernières à accourir. Adieu, ma chère Ninon. (*Elle sort avec Mme de Coulanges et d'Estrées.*)

MOLIÈRE, *avec intérêt.*

Il paraît que mon exemple ne vous a point servi..... Ah! madame, c'est la première de vos folies que je ne pardonne pas. Vous, monsieur le comte, recevez mon compliment. Vous épousez un ange; mais, hélas! vous épousez!... Adieu.

NINON.

Molière, je veux vous revoir aujourd'hui ou demain; j'aurai peut-être quelque bonne nouvelle à vous apprendre. Sans adieu. (*Aux autres.*) Et vous, messieurs, veuillez agréer mes salutations. (*Molière sort.*)

SAINT-ÉVREMONT, *à Delaunay en sortant.*

(*Bas.*) C'est d'un ridicule achevé.

DELAUNAY, *bas.*

Demain nous en amuserons Versailles.

(*Tout le monde sort, excepté Longueville, qu'on voit dans le fond.*)

NINON, *à Saint-Pol, sur le devant.*

Eh bien! Saint-Pol, le coup est porté!... Vous voyez qu'il n'y a pas eu trop de scandale. Maintenant je vais tâcher de me mettre bien avec madame votre mère, et plaider ma cause de façon à me faire pardonner le vol que je lui fais de son fils. Revenez tout à l'heure me prendre pour que nous allions à la comédie. Je veux qu'on m'y voie avec ma conquête.

SAINT-POL.

J'y serai avec la mienne.

(*Il lui baise la main. Elle sort par la porte de droite.*)

SCÈNE VII.

SAINT-POL, LONGUEVILLE, *dans le fond.*

SAINT-POL.

A eux tous maintenant les haines et les jalousies! à moi seul le bonheur!... Ah! vous êtes resté, cousin de Longueville!... Que dites-vous de ce que vient de vous annoncer Ninon?

LONGUEVILLE, *qui s'est avancé.*

Que voulez-vous qu'on dise d'une folie?

SAINT-POL.

Comment l'entendez-vous?

LONGUEVILLE.

Comme il faut l'entendre : je n'y crois pas.

SAINT POL.

Et pourquoi donc?

LONGUEVILLE.

Parce que vous réfléchirez.

SAINT-POL.

Pensez-vous que je me sois décidé sans avoir long-tems réfléchi?

LONGUEVILLE.

Alors nous ferons entendre la voix de l'amitié.

SAINT-POL.

Elle sera sans puissance.

LONGUEVILLE.

Celle de votre intérêt, de votre réputation.

SAINT-POL.

Je répondrai par un seul mot : mon bonheur.

LONGUEVILLE.

Du bonheur, quand on perd ses amis ; quand on désole sa

famille !... Du bonheur avec des souvenirs flétrissans !.....

SAINT-POL.

Baron de Longueville !...

LONGUEVILLE.

Au nom de notre famille, je proteste contre l'union d'un de ses membres avec une...

SAINT-POL, *avec colère.*

Avec une... Eh bien ?

LONGUEVILLE.

Interrogez le passé ; il vous répondra.

SAINT-POL.

C'en est trop.

AIR : *T'en souviens-tu.*

Songez-y bien, monsieur, femme ou maîtresse,
Par notre amour nous devons l'ennoblir.
Nous ne pouvons supporter sans bassesse
Que devant nous on ose l'avilir.
Femme ou maîtresse, alors que notre tâche,
Hommes d'honneur, est de la protéger,
Maîtresse ou femme, alors on est un lâche
Quand, sans vengeance, on la laisse outrager.

Vous rétractez-vous, Longueville ?

LONGUEVILLE.

Jamais.

SAINT-POL.

Eh bien ! défendez-vous.

LONGUEVILLE.

Soit !... et que le sang qui va couler retombe sur vous.

SCÈNE VIII.

SAINT-POL, NINON, LONGUEVILLE.

NINON, *se plaçant entre eux.*

Arrêtez !... Qu'allez-vous faire ?... Oubliez-vous l'édit sur les duels ?

SAINT-POL.

J'oublie tout lorsqu'on t'outrage.

NINON.

Ah ! c'est pour moi !... pour ce mariage, sans doute ?

LONGUEVILLE.

Un mariage qui ne s'accomplira pas.

NINON.

Et si l'on avait opposé quelque obstacle à celui qu'un jour vous avez projeté pour vous-même ?

SAINT-POL.

Qu'entends-je ?

LONGUEVILLE.

Madame !...

NINON.

Vous perdez bien vite la mémoire !... Baron de Longueville, votre conduite n'est pas celle d'un loyal gentilhomme !... Je vous prie de m'épargner à l'avenir l'honneur de vos visites ; à ce prix, peut-être garderai-je sur vous un silence généreux.

SAINT-POL.

Que veut-elle dire ?

LONGUEVILLE.

Je sors, madame ; mais je vous répète que ce mariage ne se fera pas. (*Il sort par le fond.*)

SCÈNE IX.

SAINT-POL, NINON.

SAINT-POL.

Je n'ai rien compris à votre langage.

NINON.

Il m'a entendue, lui !... Sache seulement que lorsque j'acceptai ton amour en échange de tout le mien, il y avait quelque chose de noble dans ma conduite. Vingt rivaux puissans te disputaient ta conquête ; Richelieu, Condé, le roi lui-même, me poursuivaient de leurs hommages ; mais je t'aimais, Henri, et l'amour, c'est ma vie !... Parmi les plus empressés d'alors, ton fier cousin n'était pas le moins épris ; il m'offrit sa main, je la refusai ; et la promesse de mariage qu'il m'envoya est le papier que je t'ai arraché tantôt, et que je t'ai défendu de lire. T'expliqueras-tu maintenant sa colère ?

SAINT-POL.

Ah ! Ninon, que le monde te connaît peu !... Moi, vois-tu, je n'ai pas besoin de la promesse que j'ai signée ; mon cœur et ma foi t'appartiennent ; et sans toi désormais ma vie serait un tourment.

NINON

Mon Henri !..... Va ! je te rendrai le bonheur que tu me donnes !.. Cette ame que tu sais apprécier ne sera point ingrate !... Amans ou époux, à nous du bonheur sans mélange, sans jalousie, sans querelles !..... N'est-ce pas, mon bien-aimé, que notre vie sera belle ainsi ? N'est-ce pas que tout l'univers pourra nous porter envie ?

SAINT-POL.

Sois donc à moi pour toujours, et que l'espérance meure dans le cœur de mes rivaux.

NINON.

Encore quelques jours, Henri, et le ciel aura prononcé!... Laisse-moi seule ; je te l'ai dit, je veux aller ce soir, avec toi, à l'hôtel de Bourgogne préparer une revanche à Molière.

AIR : *Ne raillez pas la garde citoyenne.*

Quand le plaisir enchante notre vie,
A l'arrêter appliquons tous nos vœux ;
De nous quitter il n'aura pas envie,
Si près de nous il voit des gens heureux.

SAINT-POL.

A vos désirs je me soumets, ma chère ;
Je vous promets des soutiens pour l'auteur.
Est-on vraiment heureux sur cette terre,
Lorsque tout seul on goûte le bonheur ?

ENSEMBLE.

Quand le plaisir, etc.

SCÈNE X.

NINON, *seule.*

Allons, c'en est fait, il n'y a plus à revenir ! Me voilà enchaînée!... Enchaînée ? moi! Et hier encore, je vantais mon indépendance ! hier encore, je m'offrais en exemple à mon sexe ! Aujourd'hui, il faut changer ma vie ! Ils l'ont voulu !.. Ah ! je n'irai pas à la cour ? Ils repoussent Ninon de Lenclos ! Eh bien ! ils recevront la comtesse de Saint-Pol ! (*Elle rit.*) Ah! ah ! ah ! ... Telles duchesses, telles marquises que je pourrais nommer ont les honneurs des grandes et petites entrées ; et pourtant que d'aventures, de passions, de caprices on leur a connus, sans compter ceux qu'on ignore ! Comme elles ont trompé leurs maris !... Et la pauvre Ninon est dédaignée, elle qui n'a trompé personne!... Allons, j'épouserai Saint-Pol... je l'aime!... Mais si quelque jour un autre me semblait plus aimable que lui?... s'il cessait d'être eureux?... si je le voyais tremblant, ému, affligé comme ce bon Molière?.. Mon Dieu! qui donc a inventé le mariage? Être obligée de répondre du bonheur d'un autre, quand on a déjà tant de peine à répondre du sien!...

UN LAQUAIS, *annonçant.*

Madame la comtesse de Saint-Pol!

NINON, *à part.*

La mère d'Henri!... Elle ne peut pas encore avoir reçu ma lettre... (*Haut.*) Faites entrer.

SCÈNE XI.

MADAME DE SAINT-POL, NINON.

MADAME DE SAINT-POL, *entrant.*

Ah ! je suis charmée de vous trouver seule, mademoiselle ! Je viens vous redemander mon fils ?

NINON.

Votre fils !

MADAME DE SAINT-POL.

Oui, mon fils, égaré, séduit par vous.

NINON.

Par moi ?.. Et qui de nous deux séduisit l'autre ?... Nous nous sommes aimés, madame : voilà tout.

MADAME DE SAINT-POL.

Que vous vous soyez aimés, ce n'est pas là ce qui m'occupe ; mais il est question d'un mariage.

NINON.

Cela est vrai, madame.

MADAME DE SAINT-POL, *dédaigneusement.*

D'un mariage avec vous !

NINON.

Madame la comtesse, je vous prierai de vous rappeler que vous êtes ici chez mademoiselle Ninon de Lenclos, chez moi !.. Si vous l'oubliez, je vous respecte trop pour vous en faire souvenir, mais je m'estime assez pour vous céder la place.

MADAME DE SAINT-POL, *à part.*

Allons, c'est assez digne ! (*Haut.*) Eh bien ! soit, mademoiselle, je me modérerai.

NINON.

C'est un sacrifice dont je serai reconnaissante.

MADAME DE SAINT-POL.

On dit donc que mon fils prétend vous épouser ?

NINON.

Oui, madame, il le veut absolument, et j'y consentirai peut-être.

MADAME DE SAINT-POL.

Vraiment, je le crois sans peine.

NINON.

Eh mais !... je ne le croyais pas tout à l'heure, moi !

MADAME DE SAINT-POL, *dédaigneusement.*

En acceptant sa main, vous êtes trop généreuse.

NINON.

C'est ce que je me disais il n'y a qu'un instant, madame.

MADAME DE SAINT-POL.

Mademoiselle, on dit que vous avez de l'esprit ?

NINON, *faisant la révérence.*

On a bien de la bonté.

MADAME DE SAINT-POL.

Vous sentirez donc que ce mariage est peu convenable.

NINON.

Ce n'est pas l'opinion de monsieur votre fils : pourquoi voulez-vous que ce soit la mienne ?

MADAME DE SAINT-POL.

Je ne vous parlerai pas de moi, mais je vous dirai que toute la famille de Saint-Pol est noble.

NINON.

Et je vous répondrai, madame, que la mienne l'est aussi.

MADAME DE SAINT-POL.

Je vous dirai que le baron de Longueville, notre cousin, le premier qui m'ait parlé de ce projet d'union, ne vous reconnaîtra jamais.

NINON.

Je vous répondrai, moi, que, si j'avais voulu l'écouter, il y a un an, j'aurais aujourd'hui l'honneur d'être votre cousine la baronne de Longueville.

MADAME DE SAINT-POL.

Comment?

NINON.

Il m'a envoyé alors une promesse de mariage, et je l'ai refusée, car je ne l'aimais pas.

MADAME DE SAINT-POL.

Ah!... Il y a donc parfois quelque chose de grand dans le cœur de certaines petites dames?

NINON.

Pourquoi pas? Il y a si souvent quelque chose de petit dans le cœur de certaines grandes dames!

MADAME DE SAINT-POL.

En vérité?

NINON.

Oui, madame : et d'ailleurs il est, je l'avoue, certains scrupules que j'ai peine à comprendre; car vous ne pouvez l'ignorer.

AIR *de Théniers.*

Quelque dédain que la roture inspire
A la fierté des femmes de la cour,
L'orgueil souvent abdiqua son empire
Et dut se taire à la voix de l'amour.
Plus d'une dame, oubliant sa naissance,
De vœux obscurs fut loin de s'offenser;

Et pour rapprocher la distance,
Prit la peine de se baisser.

MADAME DE SAINT-POL.

Ce n'est point pour entendre un langage si amer que je me suis présentée chez vous.

NINON.

Il ne tenait qu'à vous, madame, de m'en dicter un tout différent.

MADAME DE SAINT-POL.

Et que fallait il faire?

NINON.

Adoucir le vôtre.

MADAME DE SAINT-POL.

Prenez garde, mademoiselle!... Si je sollicitais à la cour contre vous?

NINON.

Et si j'avais sollicité à la cour en votre faveur?

MADAME DE SAINT-POL, *dédaigneusement.*

Je vous remercie de votre protection.

NINON.

Et mais, madame!... beaucoup de grands personnages y ont eu recours, et s'en sont bien trouvés.

MADAME DE SAINT-POL.

Ce n'est pas de cela qu'il s'agit : je suis venue vous redemander mon fils, et vous ne m'avez pas répondu.

NINON.

J'ai répondu comme je devais le faire : mais j'ai eu l'honneur de vous dire que je me retirerais quand il me deviendrait impossible d'en entendre davantage, et je me retire.

(*Elle sort par la porte de droite.*)

SCÈNE XII.

Mme DE SAINT-POL, *seule.*

Vit-on jamais une pareille audace?... Attendons ici mon fils; il va venir sans doute, et j'espère encore... Gardons-nous pourtant de heurter de front ses projets... oui, tâchons de gagner du tems pour que la réflexion arrive, et ma cause peut être gagnée.

SCÈNE XIII.

Mme DE SAINT-POL, SAINT-POL,

SAINT-POL, *entrant.*

Oui, mon fils, votre mère, que vous ne vous attendiez pas à trouver ici.

SAINT-POL.

J'en conviens... On vous a donc appris déjà...

MADAME DE SAINT-POL.

Ce que je n'aurais pas dû apprendre par d'autres que par vous.

SAINT-POL.

Daignez me pardonner, ma mère, je craignais...

MADAME DE SAINT-POL.

Quelques conseils, quelques remontrances! Vous aviez raison de vous y attendre, car vous connaissez ma tendresse.

SAINT-POL.

Je serais désolé de vous affliger, ma mère; mais vous avez vu Ninon?

MADAME DE SAINT-POL.

Je l'ai vue.

SAINT-POL.

Exista-t-il jamais une femme plus ravissante?

MADAME DE SAINT-POL.

Vous n'exigez pas sans doute que je la voie avec les mêmes yeux que vous?

AIR : *Amis, voici la riante semaine.*

Attendez-vous que je lui rende hommage?

SAINT-POL.

Ce monde ingrat jamais ne la comprit.

MADAME DE SAINT POL.

Elle sera tendre, modeste et sage.

SAINT-POL.

Qui n'admira son cœur et son esprit?

MADAME DE SAINT-POL.

Vous oubliez les jours de sa folie.

SAINT-POL.

Oubliez-vous les pleurs qu'elle a séchés?

MADAME DE SAINT-POL.

Dans l'avenir elle expiera sa vie.

SAINT-POL.

Les malheureux prieront pour ses péchés,

MADAME DE SAINT-POL.

Écoutez-moi, mon fils : je ne m'armerai point avec vous de sévérité, mais vous permettrez quelques observations à mon amour de mère. Je conçois que vous braviez le blâme des gens sensés, les quolibets de vos amis, les épigrammes de la cour et de la ville.

SAINT-POL.

Ah ! qu'on évite du moins de me les faire entendre !

MADAME DE SAINT-POL.

Je vais plus loin, mon fils : je vous accorde que le jour où vous épouserez Ninon, vous perdrez entièrement la mémoire ; vous ne vous rappellerez jamais le nombre et la fragilité de ses goûts ; jamais vous ne douterez de l'inébranlable fidélité d'une femme qui a changé d'amour tant de fois et si vite : quand Sévigné, Villarceaux, La Châtre et tant d'autres passeront, en souriant, près de vous, il n'y aura rien dans vos souvenirs qui puisse blesser votre cœur.

SAINT-POL, *à part.*

Ah !... que dit-elle ?

MADAME DE SAINT-POL, *à part.*

J'ai frappé juste ! (*Haut.*) Enfin vous aimerez, vous vous croirez aimé, et cela vous suffira. Mais votre amour sera-t-il éternel ? Et, quand le temps en aura triomphé, ne sentirez-vous pas qu'il manquera quelque chose à cette femme que la passion n'entourera plus de ses prestiges ? Vous vous souviendrez alors de La Châtre, de Villarceaux, de Sévigné.

SAINT-POL, *à part.*

Encore !...

MADAME DE SAINT-POL.

A défaut de l'amour que vous ne trouverez plus dans votre cœur, vous y chercherez l'estime ; votre cœur sera vide, mon fils, et votre existence sera malheureuse. Voilà ce que je voulais vous dire, et maintenant ne croyez pas que je m'oppose à vos desseins ! Non ! Je vous donne donc mon consentement dès aujourd'hui.

SAINT-POL.

Oh ! ma mère ! est-il vrai ?

MADAME DE SAINT-POL.

Je vous demande seulement d'attendre huit jours avant de conclure ce mariage.

SAINT-POL.

Huit jours d'attente !... mais ce sont huit siècles.

MADAME DE SAINT-POL.

Me refuserez-vous ?

SAINT-POL.

Non, ma mère, non!... Vous êtes trop bonne, et je suis trop heureux pour que j'hésite à vous complaire.

MADAME DE SAINT-POL.

Je compte donc sur votre parole. Adieu, mon fils!...

SAINT-POL.

Adieu, ma mère, et recevez l'expression de ma tendre reconnaissance. (*Il lui baise la main.*)

MADAME DE SAINT-POL, *à part en sortant.*

Mes paroles ne sont pas perdues!... Il réfléchira, car le coup a porté!...

SCÈNE XIV.

SAINT-POL, *seul.*

Elle consent!... Quel bonheur!... Les quolibets de mes amis, dit-elle, les épigrammes, les railleries?... mon épée les repoussera!... Peut-être l'inconstance passée donne-t-elle des doutes sur la fidélité à venir?... Ah!... (*D'un ton péniblement affecté.*) Ces rivaux que j'ai écartés, ces... amans que j'ai remplacés... Ce Villarceaux, ce La Châtre, ce Sévigné.. Je ris d'eux maintenant!... S'ils allaient rire de moi quand elle sera la comtesse de Saint-Pol?... (*Avec colère.*) Oh! ils ne riraient pas long-tems!...

SCÈNE XV.

NINON, *passant la tête hors la porte de sa chambre.*
SAINT-POL.

NINON.

Puis-je entrer sans qu'on m'arrache les yeux?

SAINT-POL.

Venez, Ninon, venez!... Ma mère est la plus généreuse des femmes.

NINON.

Et la plus douce aussi!

SAINT-POL.

J'ai son consentement.

NINON, *riant.*

Par écrit?... sa signature, son paraphe?

SAINT-POL.

Folle!!... vous riez de tout!... Sa parole nous suffit; il faut y croire.

NINON.

Allons! j'y crois!... La foi nous sauve! (*A part et sérieusement.*) Ces mères sont d'une faiblesse!...

SAINT-POL, *à part.*

Elle reçoit cette nouvelle avec moins de plaisir que je ne le pensais.

NINON.

Voilà donc notre mariage?...

SAINT-POL.

Tout-à-fait certain.

NINON.

Ah! (*A part.*) Ce malheureux Molière!...

SAINT-POL, *à part.*

Villarceaux!... Sévigné!... (*Haut.*) Mais qui vient donc ici?

NINON.

C'est Germain qui va nous servir le souper. (*A Germain qui est entré.*) Deux couverts. (*A Saint-Pol.*) Votre bonne nouvelle doit nous mettre en gaieté et en appétit.

SAINT-POL.

C'est singulier!... je n'ai pas faim ce soir: le bonheur produit quelquefois cet effet.

NINON.

Je suis donc bien heureuse, car je n'éprouve pas la moindre envie de souper. (*Germain a dressé la table et est sorti.*) Vous vous êtes bien querellé avec votre mère, n'est-ce pas?

SAINT-POL.

Oh! beaucoup moins que vous ne le croyez.

NINON.

Je gage qu'elle vous a dit des horreurs de moi.

SAINT-POL.

Des horreurs? non!... mais elle ne vous a pas épargnée.

NINON.

Et que lui avez-vous répondu?

SAINT-POL.

Que je t'aimais.

NINON.

Mais c'est absurde.

SAINT-POL.

Ce n'était pas le moment de l'irriter.

NINON.

Et, pour ne pas l'irriter, vous avez souffert des calomnies?

SAINT-POL.

Elle n'a pas été jusque-là.

NINON.

Tout à l'heure, ici, elle m'a dit à moi des choses injustes!.. Si vous aviez vu avec quelle fierté elle me traitait!

SAINT-POL.

Oh ! je suis sûr que vous n'avez pas été en reste avec elle.

NINON.

Ecoutez donc !... je n'ai pas encore de mari pour me défendre !... J'ai grand'peur au reste d'être obligée de ne m'en rapporter qu'à moi de ce soin.

SAINT-POL.

Que voulez-vous?... Elle m'a dit des choses auxquelles en n'avais pas de réponse à faire.

NINON, *avec dépit.*

Alors, monsieur, on impose silence.

SAINT-POL.

A une mère?

NINON.

A tout le monde !... L'amour, monsieur, n'est point uniquement un regard tendre, une caresse passionnée, des soins et des prévenances : l'amour est aussi la protection du fort pour le faible. Ce n'est pas seulement dans le tête-à-tête qu'il doit se montrer ; il trouve encore sa place au milieu des frivolités et des habitudes sociales ; mais c'est surtout dans les occasions graves et importantes qu'il doit paraître avec force et avec éclat, s'il est sincère. L'amour, enfin, n'est pas un instant, une heure !... il est toute la vie ! Et celui qui n'aime pas ainsi ne comprend pas l'amour ; il ne comprend que l'égoïsme.

SAINT-POL.

Comme vous me traitez !

NINON.

Le méritez-vous, oui ou non?

SAINT-POL.

Je crois que non.

NINON, *lui tendant la main.*

Vraiment ? Eh bien, si j'ai tort, pardon. (*Saint-Pol baise sa main.*) Allons, mettons-nous à table : l'orage est passé.

SAINT-POL.

Mais il a rembruni l'horizon. (*Il se placent à table.*)

NINON.

Vous croyez?... Non pas, mon ami ! vous ne pouvez m'en vouloir !... Ninon de Lenclos traitait tout en riant ; mais la comtesse de Saint-Pol doit prendre ces choses-là au sérieux !.. Car enfin je vais être votre femme.

SAINT-POL, *un peu soucieux.*

C'est là mon bonheur.

NINON.

Et à quand la noce ?

SAINT-POL.

Le tems des préparatifs.

NINON.

Bien !... Deux jours, par exemple ?

SAINT-POL.

Deux jours!

NINON.

Pensez-vous que ce soit trop ?

SAINT-POL, *à part.*

Et les huit jours que j'ai promis à ma mère.

NINON.

Eh bien ?

SAINT-POL.

Vous n'y songez pas, Ninon ! deux jours ?... il en faut au moins huit.

NINON.

Ah ! bon Dieu !... mais, en huit jours, le roi peut changer huit fois de ministre, et une femme peut... Quel fou ou quelle folle peut répondre d'avoir dans huit jours les mêmes sentimens, les mêmes idées qu'aujourd'hui ? Il y a là plus de tems qu'il n'en faut pour bouleverser la face d'un empire, et faire une république du plus beau royaume !... Vous êtes un insensé, mon cher Saint-Pol.

SAINT-POL.

Et vous, Ninon, vous êtes rassurante !

NINON.

Parlons de nos projets pour le tems où nous serons mariés. (*Elle se rapproche, lui prend la main, et il redevient gai.*)

SAINT-POL, *se rapprochant aussi.*

Oh ! alors nous n'aurons plus le chagrin de nous quitter.

NINON.

Mais nous n'aurons plus le bonheur de nous retrouver.

SAINT-POL.

Ah !...

NINON.

Où passerons-nous nos soirées ?

SAINT-POL, *étonné.*

Comment ?

NINON.

Des gens mariés ne peuvent plus rester en tête-à-tête tous les soirs. Il faudra donc aller quelque part.

SAINT-POL, *tristement.*

Nous irons où vous voudrez.

NINON.

Quelquefois, par exemple, chez madame de Sévigné.

SAINT-POL, *de mauvaise humeur.*

Madame de Sévigné !

NINON.

Pourquoi pas?... je serai la comtesse de Saint-Pol.

SAINT-POL.

Oui!... mais son fils est si vain, si fat!... et puis, il a été amoureux de vous.

NINON.

Il le disait du moins

SAINT-POL.

Et vous l'avez cru?... vous l'avez aimé!... Pourquoi ne répondez-vous pas?...

NINON.

Quelquefois nous en avons ri ensemble!... mais aujourd'hui vous ne riez plus.

SAINT-POL.

C'est que vous comprendez aisément qu'il n'y aurait pas grand plaisir pour moi à me retrouver avec cet impertinent Sévigné.

NINON; *tristement.*

Je ferai absolument ce qui vous conviendra.

SAINT-POL.

Qui prendrons-nous pour témoin de notre mariage?

NINON.

Qui?... je ne sais!... ah! Villarceaux.

SAINT-POL, *avec humeur.*

Villarceaux!...

NINON.

Ou tout autre.

SAINT-POL.

Villarceaux est plein d'esprit, de bon goût et d'agrément!.. c'est encore un des plus beaux hommes de la cour.

NINON.

En vérité, voilà de singuliers motifs de proscription.

SAINT-POL.

Je confesse que je le verrais avec peine auprès de vous : car personne ne vous fut aussi cher que lui.

NINON, *pensive, à elle-même.*

Il riait ce matin des amours de sa maîtresse!... il souffre maintenant des torts de sa femme.

SAINT-POL.

Pourtant, Ninon, je ne veux pas être un maître sévère.

NINON.

Ah!... un maître indulgent est encore un maître.

SAINT-POL, *tendrement.*

Un esclave, si tu veux.

NINON.

Oui, encore aujourd'hui.

SAINT-POL

Toujours!...

NINON, *se levant.*

Eh bien! alors, retirez-vous, Henri! je suis fatiguée, j'ai besoin de repos.

SAINT-POL, *se levant.*

Nous séparer!

NINON.

Il nous était arrivé quelquefois de n'être pas du même avis; mais cela durait peu!... et aujourd'hui trois disputes!

SAINT-POL.

Et pas de raccommodement?

NINON.

Henri, vous êtes triste.

SAINT-POL.

Ninon, pour la première fois, j'ai cru voir une larme dans vos yeux.

NINON.

C'est qu'entre nous il y a... un ennemi.

SAINT-POL.

Lequel?

NINON.

Oh! son nom est terrible, voyez-vous?

SAINT-POL.

Je ne comprends pas.

NINON.

Je vous expliquerai cela demain. Me laisserez-vous, Henri?.. à moins que vous ne vouliez assister à ma toilette?

SAINT-POL.

Pourquoi pas? j'ai ôté les papillotes ce matin, je peux bien les voir mettre ce soir.

NINON, *s'approchant de sa toilette.*

Je vais donc les préparer! je n'ai plus de billets doux; j'en ai fait tantôt un superbe auto-da-fé en votre honneur!... Ah! du bruit? qui vient ici à cette heure?

SCÈNE XVI.

NINON, SAINT-POL, UN DOMESTIQUE, *puis* MOLIERE.

LE DOMESTIQUE, *annonçant.*

M. Molière. (*Il sort, après avoir enlevé la table.*)

MOLIÈRE, *entrant.*

Pardonnez-moi de troubler un tête-à-tête; mais, puisque vous vous mariez, vous ne retrouverez que trop souvent l'occasion que je vous fais perdre.

NINON.

Ah!

MOLIÈRE.

La reconnaissance ne m'a pas permis d'attendre ; il faut que je vous remercie! Je viens de recevoir un brevet de pension de douze cents livres; c'est à vous que je le dois. Puis ma femme qui refuse sa porte à M. Delaunay!... L'amour, la fortune, tout cela revient à la voix de Ninon.

NINON.

Le bonheur de ses amis n'est-il pas le sien?

VOIX, *en dehors.*

Nous entrerons, vous dis-je.

SAINT-POL, *à part.*

Ma mère!

NINON, *à part.*

Je m'en doutais.

SCÈNE XVII.

SAINT-POL, NINON, LONGUEVILLE, MADAME DE SAINT-POL, MOLIERE.

MADAME DE SAINT-POL.

J'entre malgré vos gens, mademoiselle, car il faut que je vous parle à l'instant même.

NINON.

Veuillez donc vous asseoir, madame.

MADAME DE SAINT-POL, *refusant.*

Ne vous dérangez pas.

LONGUEVILLE.

Moi... je viens offrir des excuses et des remerciemens.

NINON.

Vous avez reçu votre grâce?

LONGUEVILLE.

Et c'est vous qui l'avez obtenue.

NINON, *lui tendant la main.*

La paix est faite avec vous.. elle va se faire avec madame.
(*Longueville va se placer entre Mme de Saint-Pol et Molière.*)

MADAME DE SAINT-POL.

On me rend le tabouret à la cour, mademoiselle, et il paraît que c'est à votre sollicitation.

NINON.

Je croyais avoir eu l'honneur de vous le dire, madame.

MADAME DE SAINT-POL.

Mais je n'accepte, moi, la protection que de mes supérieurs ou de mes amis.

NINON.

Et nous sommes ennemis?

SAINT-POL, *à demi-voix à Ninon.*

C'est ma mère!

NINON.

Je sais ce qui lui est dû!.. N'imaginez pas, monsieur le comte, que j'ignore ce que le monde impose d'obligations (*Ironiquement*), ce qu'il faut pour avoir sa part de ces honneurs et de cette considération qu'il distribue avec tant d'impartialité. N'est-ce pas d'abord de s'imposer une contrainte qui ne trompe personne? de s'astreindre à des usages... dont chacun se moque? de se condamner à une hyprocrisie... qui ne fait pas de dupes? Ne faudra-t-il pas changer mon naturel franc, loyal et sincère pour essayer aussi de mentir à mon cœur, de penser, parler et agir d'après la mode, les convenances et l'usage? de cesser enfin d'être moi-même? car que dirait le monde? ne me refuserait-il pas la place que je voudrais occuper?... Ninon sait tout cela! et Ninon dit maintenant: Je n'irai ni à la cour ni dans le monde! La cour et la ville viendront chez moi! je n'aurai pas le chagrin de me faire des remords avec mes doux souvenirs; je n'imposerai pas à mon cœur des liaisons d'amitié qu'il n'aurait point choisies librement; je ne supporterai pas des dédains que je n'aurai point mérités!...

MOLIÈRE, *à part.*

Qu'entends-je?

SAINT-POL, *à part.*

Que veut-elle dire?

NINON.

Je resterai libre de moi, de mes actions: je ne me résignerai à aucun sacrifice; je suivrai mon goût, mon cœur ou mes caprices, et, si la fantaisie m'en prend, et que je sois fatiguée, je pourrai toujours, comme en ce moment, me reposer à mon aise!.. (*Elle s'assied près de sa toilette: étonnement de tout le monde.*) Je ne craindrai ni la mauvaise humeur d'un mari, ni les reproches de ses parens; et je pourrai même pousser l'indépendance, si cela me convient, jusqu'à faire des papillotes devant madame la comtesse de Saint-Pol... avec la promesse de mariage de son fils. (*Elle a pris sur sa toilette la promesse de mariage, et la déchire en papillotes.*)

MADAME DE SAINT-POL, LONGUEVILLE, MOLIÈRE.

Ah!...

SAINT POL, *vivement.*

Que faites-vous, Ninon?

NINON, *souriant et se levant.*

Mon ami, vous avez vu comme nous étions tristes et ennuyés ce soir : c'est ce mot ridicule de *mariage*, jeté entre nous, qui exerçait déjà son influence... Pour nous, Saint-Pol, il ne peut y avoir de tendresse par-devant notaire. (*Elle s'approche de la comtesse de Saint-Pol.*) Madame la comtesse ne pense-t-elle pas que j'ai raison, et voudra-t-elle maintenant accepter les faveurs de la cour?

MADAME DE SAINT-POL.

Je ne sais, en vérité...

NINON.

Ah!... vous avez dit que vous acceptiez de vos amis.

MADAME DE SAINT-POL.

Et je veux être des vôtres.

NINON.

Je vous rends votre fils, madame!... N'est-il pas vrai que le meilleur moyen de se défaire de ses ennemis, c'est d'en faire des amis?

LONGUEVILLE.

A vous les miracles!

MOLIÈRE.

A nous l'admiration!

SAINT-POL.

Je vous ai patiemment écoutée : mais, croyez-vous donc que je consente à tout ceci?

NINON, *riant.*

Il le faudra bien!... la promesse est déchirée!... Nous ne nous marierons pas... mais nous nous aimerons!...

SAINT-POL.

Toujours!...

NINON.

Tant que nous pourrons!

FIN.

www.ingramcontent.com/pod-product-compliance
Ingram Content Group UK Ltd.
Pitfield, Milton Keynes, MK11 3LW, UK
UKHW022000260726
13994UKWH00004B/1870

9 782329 434797